NOTICE

DE

LIVRES DE MÉDECINE

CHIRURGIE, LITTÉRATURE, ETC.,

PROVENANT DE LA BIBLIOTHÈQUE

De feu M. le Docteur BÉGIN,

Inspecteur, Président du Conseil de santé des armées en retraite,
Membre de l'Académie impériale
de médecine, ancien chirurgien en chef du Val-de-Grâce,
Commandeur de la Légion d'honneur, etc.,

DONT LA VENTE AURA LIEU

Les Lundi 18 et Mardi 19 Juillet 1859,

Rue des Mathurins-Saint-Jacques, n° 11,

Vis-à-vis les jardins de l'hôtel Cluny,

A une heure précise de relevée,

PAR LE MINISTÈRE DE Mᵉ NAPOLÉON GALLOIS, COMMISSAIRE-PRISEUR,

BOULEVARD BEAUMARCHAIS, 50.

Les adjudicataires paieront 5 p. 100 en sus du prix de leurs acquisitions.

SE DISTRIBUE A PARIS

CHEZ J.-B. BAILLIÈRE ET FILS,

LIBRAIRES DE L'ACADÉMIE IMPÉRIALE DE MÉDECINE,

19, rue Hautefeuille.

1859.

Ordre de la vente.

1re vacation, le lundi 18 juillet 1859, n°s 1 à 150.

2e vacation, le mardi 19 juillet 1859, n°s 151 à 291.

Conditions de la vente.

On vendra un nombre de livres qui n'ont pu être portés au catalogue.

Les livres vendus devront être collationnés sur place ; une fois sortis de la salle de vente, ils ne seront repris pour aucune cause.

Les acquéreurs payeront, en sus du prix d'adjudication, 5 centimes par franc, applicables aux frais.

MM. J.-B. BAILLIÈRE ET FILS se chargeront des commissions que l'on voudra bien leur confier, en indiquant exactement le prix que l'on veut mettre à chaque article.

Paris. — Imprimerie de L. MARTINET, rue Mignon, 2.

NOTICE

DES LIVRES

PROVENANT DE LA BIBLIOTHÈQUE

De feu M. le docteur BÉGIN.

Histoire naturelle. — Industrie.

1. Dictionnaire pittoresque d'histoire naturelle sous la direction de M. Guérin. Paris, 1833 à 1840. T. 1 à 9, in-4 cart. et broché, avec environ 700 pl. et fig. col.

2. Dictionnaire classique d'histoire naturelle, sous la direction de Bory de St-Vincent. Paris, 1822 à 1831. 16 vol. in-8 et atlas, fig. col. rel.

3. PLINE. Histoire naturelle, traduit par E. Littré. Paris, 1851. 2 vol. in-8, rel.

4. BUFFON. Œuvres complètes, nouv. édition, par Geoffroy Saint-Hilaire. Paris, Pillot, 1837, 5 vol. in-8 et atlas, fig. noires br.

5. CUVIER. Règne animal distribué d'après son organisation. Paris, 1817, 4 vol. in-8 rel. — Rapport historique sur les progrès des sciences naturelles depuis 1789. Nouv. édition. Paris, 1827, in-8 rel.

6. CUVIER. Leçons d'anatomie comparée. Paris, 1835 à 1845. 8 tomes rel. en 9 vol. in-8.

6 *bis*. CUVIER. Discours sur les révolutions de la surface du globe. 3e édit. Paris, 1825, in-8, fig. rel. — TOLLARD. Traité des végétaux qui composent l'agriculture, 2e édit. Paris, 1838, 1 vol. in-12 br.

7. GÉRARD. Nouvelle flore usuelle et médicale. Paris, 1851. T. 1er et introduction, fig. col. 2 in-4 cart. *il faut 4 vol.*

8. JAUME-SAINT-HILAIRE. Exposition des familles naturelles et la germination des plantes. Paris, an XIII, 1805. 2 vol. in-8, fig. rel.

9. Synopsis floræ Germanicæ et Helveticæ, auct. G. D. Koch. Editio secunda. Francofurti, 1843 à 1847, deux parties en 1 vol. in-8, dem.-rel.

10. LASÈGUE. Musée botanique de M. Benjamin Delessert. Paris, 1845, in-8 br. — LEROY. Lettres philosophiques par l'intelligence des animaux. Paris, 1802 in-8 rel. — MATTEUCCI. Cours d'électro-physiologie. Paris, 1858, in-8 br.

11. D'ALBRET. Cours de la taille des arbres fruitiers, 7e édit. Paris, 1848, in-8 br. — HARDY. Traité de la taille des arbres fruitiers, 3e édit. Paris, 1855, in-8 br. — Pisciceptologie, ou l'art de la pêche à la ligne. Paris, 1823, in-12 br. — Manuel du pêcheur français. Paris, Roret, 1 vol. in-12 rel.

12. Chenu. Leçons d'histoire naturelle, comprenant un traité de conchyliologie. Paris, 1847, 4 vol. in-4, avec 12 pl. col.

13. Prichard. Histoire naturelle de l'homme; traduite de l'anglais par Roulin. Paris, 1843. 2 vol. in-8 rel. fig.

14. Pictet. Traité de paléontologie, 2e édit. Paris, 1853 à 1857, 4 vol. in-8 br. et atlas in-4 cart.

15. Foissac. De la météorologie dans ses rapports avec la science de l'homme. Paris, 1854. 2 vol. in-8 br.

16. Annuaire du bureau des longitudes. 1830-1832-1834 à 1840-1842-1844-1850 à 1856. 18 vol. in-18 br.

17. Annuaire des eaux de la France pour 1851 à 1854. Paris, 1855. in-4 rel.

18. Eaux minérales. — Lot d'environ 100 brochures in-8.

19. Eaux minérales, par MM. Boutron-Charlard, Durand-Fardel, Petit, Dorgeval-Dubouchet, Kaula, Lhéritier et Patissier. 8 vol. in-8 br.

20. Eaux minérales, par MM. Gerdy, Henry, Kuhn, Chenu, Armand, Bach, Dupasquier. 7 vol. in-8 br.

21. Ganot. Traité de physique, 7e édit. Paris, 1857, in-12 rel. — Beudant. Géologie et minéralogie, 2 vol in-12 br. — Roguet. Éléments de physique. Paris, 1847, in-12 br. — Vicat. Histoire des plantes vénéneuses de la Suisse. Yverdon, 1776, in-12 rel.

22. Dieu. Traité de matière médicale et de thérapeutique. Metz, 1845 à 1848, 3 vol. in-8. — Giacomini. Traité de matière médicale, traduit par Rognetta. Paris, 1839, in-8 br.

23. Mérat et de Lens. Dictionnaire universel de matière médicale et de thérapeutique générale. Paris, 1829 à 1846. 7 vol. in-8 rel.

24. Mialhe. Chimie appliquée à la physiologie. Paris, 1856, in-8.

25. Millon. Éléments de chimie organique. Paris, 1845. 2 vol. in-8 rel.

26. Orfila. Traité des poisons. Paris, 1818. 2 vol. in-8 rel. — Dorvault. L'officine. Paris, 1847, in-8 br. — Jourdan. Code pharmaceutique. Paris, 1821, in-8 rel.

27. Hygiène publique. Rapports sur les logements insalubres; rapport du conseil de salubrité, etc. Recueil de pièces diverses, 1 vol. in-4 rel.

28. Mélanges sur le choléra-morbus. 6 vol in-8 rel.

29. Dictionnaire de l'industrie manufacturière commerciale et agricole. Paris, 1833 à 1841. 10 vol. in-8 rel.

30. Laboulaye. Dictionnaire des arts et manufactures, 2e édit. Paris, 1855, 2 vol. in-4 rel.

31. Bergeron. Manuel du tourneur, 2e édit. par Hamelin-Bergeron. Paris, 1816, 2 vol. in-4 et atlas de 96 planches.

32. Dulong et Petit. Recherches sur la mesure des températures et sur les lois de la communication de la chaleur. Paris, 1818, in-4 br. — Lelièvre, Pelletier et d'Arcet. Description de divers procédés pour extraire la soude du sel marin. Paris, an III, in-4, br. 11 planches.

33. Taylor. Records of mining. pars 1o. London. 1829, in-4, et 17 pl. cart.

34. D'Arcet. Mémoire sur l'art de dorer le bronze. Paris, 1818, in-8, 6 planches, rel — Bineau. Chemins de fer d'Angleterre. Paris. 1840, in-8 rel. — Descloizeau. Mémoire sur la cristallisation et la structure intérieure du quartz. Paris, 1855, in-8 br

35. Persoz. Introduction à l'étude de la chimie moléculaire. Strasbourg, 1839, in-8 br. — Herschel. Traité d'astronomie traduit de l'anglais par Peyrot. Paris, 1834, in-8 br. — Fischer. Physique mécanique traduit de l'allemand, avec des notes par Biot, 2ᵉ édit. Paris, 1813. in-8 rel.

36. Regnault. Étude des principales lois physiques sur lesquelles est fondé le calcul théorique des machines à vapeur, 1ʳᵉ partie. Paris, 1847, in-4.

37. The Art journal. Illustrated Catalogue the industry of nations. London, 1851, 1 vol. in-4 avec un grand nombre de figures sur bois intercalées dans le texte, cart.

38. Dictionnaire de l'économie politique, publié sous la direction de M. Guillaumin. Paris, 1852, 2 vol. in-8 rel.
Taché d'huile.

39. Block. Dictionnaire de l'administration française. Paris, 1856, 1 vol. in-8 rel.

40. Garnier-Pagès. Dictionnaire politique, 3ᵉ édit. Paris, 1848, in-8 rel.

Administration et Médecine militaire.

41. Chabrol-Chaméane. Dictionnaire de législation usuelle. Paris, 1835, 2 tomes rel. en 1 vol. in-4. — Bacqua. Codes de la législation française, 6ᵉ édit. Paris, 1852, in-12 rel.

42. Audouin. Histoire de l'administration de la guerre. Paris, 1811, 4 vol. in-8 rel.

43. Gonvot. Manuel de législation militaire. Paris, 1828, in-8 rel. — Morin. Administration militaire. Paris, an VIII, in-8 rel. — Notice sur le service des subsistances militaires en campagne. Paris, 1857, in-8 rel. — De Piis. Manuel du service des salles militaires. Paris, 1841, in-12 rel. — Table des lois et ordonnances sur le service des hôpitaux militaires. Paris, 1841 à 1843, 3 vol. in-12 rel.

44. Règlements des hôpitaux militaires de 1718, 1728, 1747, 1781, 1788, rel. en 1 vol. in-fol. — Courtin. Recueil des lois et réglements sur les hôpitaux militaires. Paris, 1809, 2 vol. in-8 et atlas in-4 rel. — Règlement sur les hôpitaux militaires, 1825 à 1831, 2 vol. in-fol. rel. — Instruction sur le mobilier des hôpitaux militaires. Paris, 1816, in-fol. rel.

45. Mémoires sur l'administration et les hôpitaux militaires. — Rapports sur les vivres, par MM. Dorat, Deniée, Vaillant, Fallot, Orsel, Maldigny, Liandon, Cerfberr, Prévost, Dulaurens, Desjobert. 16 broch. et vol. in-8 rel. et br.

46. Informe sobre el estado del servicio de sanidad militar en varias naciones de Europa, por J.-R. Rodriguez Manzanares. Madrid, 1855, in-8 demi-rel.

47. Desgenettes. Histoire médicale de l'armée d'Orient. Paris, 1830. 2e édit., in-8 rel. — Monro. Médecine d'armée, traduit par Lebègue de Bresle. Paris, 1779, 2 vol. in-8 br. — Laurent. Hist. de la vie et des ouvrages de Percy. Versailles, 1827, in-8, rel.

48. Gama. Esquisse historique du service de santé militaire en général. Paris, 1841, in-8 rel. — Traité des plaies de tête et de l'encéphalite, 2e édit. Paris, 1835, in-8 rel.

49. Maillot et Puel. Aide-mémoire médico-légal de l'officier de santé. Metz, 1842, in-8, rel. — Armand. L'Algérie médicale. Paris, 1854, in-8 rel. — Souvenirs d'un médecin militaire. Paris, 1858, in-18. — Vincent. Des habitudes dans l'armée. Paris, 1857, in-12 br.

50. Formulaire pharmaceutique à l'usage des hôpitaux militaires français. Paris, 1857, in-8 br.

51. Mémoires de médecine et d'hygiène militaires en France, en Afrique et en Orient, par MM. Bégin, Martin, Lévy, Ségur-Dupeyron, Michel, Jacquot, Worms, Bonnafont, Treil, Hutin, Boudin, Shrimpton, Clot-Bey, Voisin, Vigne, Roux, Scoutteten. 40 brochures in-8 rel. et br.

52. Ouvrages sur les plaies d'armes à feu, par MM. Baudens, Dufouart, Percy, Serrier, Scrive, Champenois, Willaume, Ledran, 14 vol. in-8 et in-12, rel. et br.

53. Recueil de mémoires de médecine, de chirurgie et de pharmacie militaires, rédigés par MM. Biron, Fournier-Pescay, Bégin, Jacob, Cas. Broussais, Judas, Marchal de Calvi, Boudin, Riboullet, etc. Paris, 1815 à 1850, 64 vol. in-8 br. et rel. — 2e série. Paris, 1846 à 1857, 20 vol. in-8 br.

Histoire de la médecine, Dictionnaires, Journaux, Thèses.

54. Amette. Code médical, 3e édit. Paris, 1859, in-12 br. — Langlebert. Guide de l'étudiant en médecine. Paris, 1852, in-12, br. — Roubaud. Annuaire médical et pharmaceutique. Paris, 1857, in-12 br. — Cousin. De l'enseignement et de l'exercice de la médecine. Paris, 1850, in-12 br. — Rondonneau. Manuel légal de médecine. Paris, 1812, in-18 br.

55. Bertherand. Médecine des Arabes. Paris, 1855, in-8 br. — Ménière. Étude médicale sur les poëtes latins. Paris, 1858, in-8 br.

56. Biographie médicale, par MM. Desgenettes, Bégin, Jourdan, Boisseau, etc. Paris, 1825. 7 tomes rel. en 14 vol. in-8.
     Interfolioté de papier blanc.

57. Dujardin et Peyrilhe. Histoire de la chirurgie depuis son origine jusqu'à nos jours. Paris, 1774 à 1780, 2 vol. in-4 rel.

58. Gui-Patin (lettres), nouvelle édition par Reveillé-Parise. Paris, 1846, 3 vol. in-8 br.

59. Lauth. Histoire de l'anatomie. Strasbourg, 1815, tome 1er, in-4 br. (Le seul publié.)

60. Pariset. Histoire des membres de l'Académie de médecine, publiée par M. Dubois (d'Amiens). Paris, 1850. 2 vol. in-12 rel.

61. PLOUCQUET. Litteratura medica digesta Tubingæ. 1808, 4 vol. in-4. cart., interfoliotés de papier blanc.

62. PORTAL. Histoire de l'anatomie et de la chirurgie. Paris, 1770, 6 t. rel. en 7 vol. in-12.

63. QUESNAY. Recherches critiques et historiques sur l'origine de la chirurgie. Paris, 1744, in-4 rel. — BLACK. Esquisse d'une histoire de la médecine et de la chirurgie, traduit de l'anglais, par Coray. Paris. 1798, in-8 rel.

64. SABATIER. Recherches historiques sur la Faculté de médecine de Paris. Paris, 1837, in-8 broch. — SACHAILE. Les médecins de Paris, jugés par leurs œuvres. Paris, 1845, in-8 br.

65. SPRENGEL. Histoire de la médecine, traduit de l'allemand par M. Jourdan. Paris, 1820, 9 vol in-8 cart.

66. VIGILIIS DE CREUTZENFELD. Bibliotheca chirurgica. Vindobonae. 1781, 2 vol. in-4 rel.

67. Dictionnaire des sciences médicales. Paris, 1812 à 1822, 60 vol. in-8 broch.

68. Dictionnaire abrégé des sciences médicales. Paris, 1821 à 1826, 15 tomes rel. en 30 vol. in-8 (interfolioté de papier blanc).

69. Dictionnaire de médecine et de chirurgie pratiques. Paris, 1829 à 1836, 15 vol. in-8 rel.

70. Annales médico-psychologiques. Paris, 1847 et 1848, t. 9 à 12, 4 vol. in-8 brochés en cahiers. 3ᵉ série 1856-1857, t. 2 et 3, 2 vol. in-8 brochés en cahiers.

71. Annales de la chirurgie française et étrangère, par MM. Bégin, Marchal (de Calvi), Velpeau, Vidal (de Cassis). Paris, 1841 à 1845, 15 vol. in-8 rel.

72. Archives générales de médecine, 1823 à 1833, 32 vol. in-8 rel. (manque septembre à décembre 1832), 1858 et 1859, br. en cahiers.

73. Bulletin de la Faculté de médecine de Paris. Paris, 1812 à 1820, 7 vol. in-8 cart. (manque le titre du tome VI).

74. Encyclographie des sciences médicales. — 1ʳᵉ série, Bruxelles, 1832 à 1835, 40 vol. in-8. — 2ᵉ série, 1836 à 1838, 36 vol. in-8. — 3ᵉ série, 1839, 14 vol. in-8. — 4ᵉ série, 1840, à 1842, 34 vol. in-8. — 5ᵉ série, 1843 à 1844, 24 vol. in-8. — 6ᵉ série, 1845, 12 vol. in-8. — 7ᵉ série, 1816, 12 vol. — 8ᵉ série, 1847, 7 vol. in-8, en tout 179 vol. grand in-8 br.

75. Gazette de santé, par le docteur Miquel. Paris, 1822 à 1829, 8 années rel. en 2 vol in-4. — Gazette médicale de Paris, par M. J. Guérin. Paris, 1830 à 1850, 21 vol. in-4 rel.

76. Journal complémentaire du dictionnaire des sciences médicales. Paris, 1818 à 1830, 37 vol. in-8 rel. et br.

77. Journal hebdomadaire de médecine, 1ʳᵉ série, octobre 1828 à septembre 1830, 8 vol. in-8 rel. — Journal universel hebdomadaire de médecine, 2ᵉ série, octobre 1830 à décembre 1833, 13 vol. in-8 rel. — Journal hebdomadaire des progrès des sciences médicales, 3ᵉ série 1834 à 1835, 8 vol. in-8 br. (manque nᵒ 52 de 1835).

78. Répertoire d'anatomie et de physiologie pathologique et de clinique chirurgicale. Paris, 1826 à 1828, t. 1 à 5 in-4 rel.

79. Mémoires et prix de l'Académie de chirurgie. Paris, 1819, 10 t. rel. en 12 vol. in-8 et atlas in-4.

80. Mémoires de la Société médicale d'émulation. Paris, an VI, 9 vol. in-8.

81. Mémoires de l'Académie de médecine. Paris, 1828 à 1858, 22 vol. in 4 rel., les t. 21 et 22 br.

82 Bulletin de l'Académie de médecine. Paris, octobre 1836 à mars 1859, 23 t. en 24 vol. in-8 demi-rel.

83. Mélanges de pièces sur la lithotritie, 2 vol. in-8 rel.

84. Mélanges sur la chirurgie, 3 vol. in-8 rel.

85 Mémoires sur l'éther, l'éthérisation, le chloroforme, par MM. Bouisson, Lach, Pirogoff, Baudens, Morton, Jackson, Chambert. Gosselin, Chassaignac, Longet, Larrey, etc., 20 vol. et br. in-8. rel. et br.

86. Mémoires sur les maladies des yeux et le strabisme, par MM. Boyer, Sichel, Amussat. Laugier, Foucher, Bertherand. Desmarres, Hairion, Bonvier, Demours, Dequevauviller, Caffe, Guépin, 18 br. et vol. rel. et br.

87. Mélanges de médecine et de chirurgie, 18 vol. in-8 rel.

88. Mélanges de médecine et de chirurgie, 18 vol. in-8 rel.

89. Mémoires sur la taille, la lithotritie et les rétrécissements de l'urèthre, par MM Amussat, Cornay, Chaumet, Leroy-d'Etiolles, Lallemand, Reybard, Heurteloup, Blandin, Ribéri, Ledaim, Franc, Beniqué, Ségalas, Mercier, Cazenave, Bermond, Serre, 40 vol. et br. in-8.

90. Mémoires sur les maladies du cheval et l'agriculture, par MM. Daumas, Paulot. Guerre, Delormel, Thiery, Renault, Delafond, Audouard, Leblanc, Garreau, 20 br. in-8.

91. Recueil de mémoires et thèses sur la médecine et la chirurgie. 15 vol. in-4 cart.

92. Recueil de mémoires et thèses sur la médecine et la chirurgie. 17 vol. in-4 rel.

93. Union médicale, Journal des intérêts scientifiques et pratiques du corps médical, publié sous la direction de M. A. Latour, 1re série, 1847 à 1858. 12 vol. in-fo. T. 1 à 6 rel., 7 à 12 br.

94. Thèses du concours de médecine opératoire à la Faculté de médecine de Paris en 1841, par MM. Blandin, Bérard, Boyer, Chassaignac, Huguier, Laugier, Lenoir. Malgaigne, Robert, Sanson, Sédillot, Thierry et Vidal. 13 vol. in-4 br.

95. Thèses de divers concours de médecine et de chirurgie de 1833 à 1857, par MM. Bérard, Sanson aîné, Broussais, Marchal, Sédillot, Lacauchie, Morel, Tardieu, Chauffard, Racle, Lorain, Tholozan, Axenfeld, etc. 24 brochures in-4.

96. Thèses de concours pour l'agrégation (section de médecine) à la Faculté de médecine de Paris, par MM. Axenfeld. Barnier, Charcot, Chauffard. Duriau, Empis, Hérard. Lorain. Montanier, Racle. Tholozan. 12 brochures. in-4.

97. Thèses de concours pour l'agrégation, section de chirurgie, à la Faculté de médecine de Paris en 1857, par MM. Bauchet, Duchaussoy, Fano, Foucher, Houël, Jamain, LeGendre, Legouest, Morel, Ollier, Trélat, Blot, Desrivières. 13 br. in-4.

98. Thèses de la Faculté de médecine de Strasbourg, année 1832 à 1857, in-4 broch. et 1 vol. rel.

Médecine, Chirurgie, Anatomie.

99. ADELON. Physiologie de l'homme. Paris, 1823. 4 vol. in-8 rel. — GEORGET. De la physiologie du système nerveux. Paris, 1821. 2 vol. in-8 rel.

100. ALBINI. Academicarum adnotationum continens anatomica, physiologica, 8 parties rel 2 vol. in-4. en Leidæ, 1754 à 1768. 2 vol. in-4.

101. ANDRAL. Clinique médicale. Paris, 1823, 5 vol. in-8 rel.

102. ANDRAL. Précis d'anatomie pathologique. Paris, 1829, en 2 tom. rel. 3 vol. in-8.

103. BALLONII. Opera omnia, edente Trochin. Genevæ, 1762, 4 t. rel. en 2 vol. in-4.

104. BARRIER. Traité pratique des maladies de l'enfance, 2e édit. Paris, 1845, 2 vol. in-8 cart. — BERTON. Traité pratique des maladies des enfants, 2e édit. Paris, 1842, in-8 rel.

105. BARTH ET ROGER. Traité d'auscultation, 4e édit. Paris, 1851. 1 vol. in-12. — BÉRAUD. Éléments de physiologie de l'homme. Paris, 1856, in-12 br. — BERTIN et BOUILLAUD. Traité des maladies du cœur. Paris, 1824, in-8 rel.

106. BARTHEZ. Exposition de sa doctrine médicale, publié par Lordat. Paris, 1818, in-8 rel. — ALQUIÉ. Doctrine médicale de Montpellier, 4e édit. Montpellier, 1846, in-8 rel.

107. BAYLE. Atlas du Traité d'anatomie. Paris, 1839 in-4. Fig. noires cart. (taché d'encre).

108. BELL. Cours complet de chirurgie. Paris, 1776, 6 t. rel. en 3 vol. in-8, fig.

109. BAYLE. Traité des maladies du cerveau. Paris, 1826, in-8 rel. — BELL. Système naturel des nerfs du corps humain. Paris, 1825, in-8 rel. — BELL. Traité des plaies, traduit de l'anglais par Estor. Paris, 1825, in-8 br. — SERRE. Traité de la réunion immédiate. Paris, 1830, in-8 br. — VELPEAU. De l'opération du trépan dans les plaies de tête. Paris, 1834, in-8 br.

110. BÉRARD, DENONVILLIERS ET GOSSELIN. Compendium de chirurgie pratique. Paris, 1840 à 1855, livr. 1 à 13, in-8 br.

111. BICHAT. Recherches physiologiques sur la vie et la mort. Paris, an VIII. in-8 rel. — Anatomie générale. Paris, 1801, 4 vol. in-8 rel. — Anatomie pathologique. Paris, 1825, in-8 rel.

112. BLANDIN. Traité d'anatomie des régions du corps humain. Paris, 1826, in-8 rel. et atlas in-fº br.

113. Bonnet. Traité des maladies des articulations. Paris, 1845, 2 vol. in-8 et atlas in-4.

114. Bordeu. Œuvres complètes, publiées par Richerand. Paris, 1818, 2 vol. in-8 cart.

115. Bouillaud. Clinique médicale de l'hôpital de la Charité. Paris, 1837, 3 vol. in-8 rel. — Traité clinique de l'encéphalite. Paris, 1825, in-8 rel. — Traité clinique des fièvres dites essentielles. Paris, 1826, in-8 rel.

116. Bouillaud. Traité de nosographie médicale. Paris, 1846, 5 vol. in-8 rel.

117. Bouisson. Tribut à la chirurgie, tome Ier. Paris, 1858, in-4 br.

118. Bousquet. Traité de la vaccine. Paris, 1848, in-8 rel. — Verdé-Delisle. Dégénérescence de l'espèce humaine. Paris 1855, in-12 br. — Ade-Margras. Manuel du vaccinateur, 2ᵉ édit. Paris, 1856, in-12 br.

119. Broussais. Examen des doctrines médicales. Paris, 1829 à 1834. 4 vol. in-8 rel.

120. Broussais. De l'irritation et de la folie. Paris, 1839, 2 vol. in-8 rel.

121. Broussais. Histoire des phlegmasies, 3ᵉ édit. Paris, 1822, 3 vol. in-8.

122. Broussais. Cours de pathologie et de thérapeutique générale. Paris, 1834, 5 vol. in-8 rel.

123. Brown. Éléments de médecine, trad. du latin, par Fouquet. Paris, 1805, in-8 rel. — Durand. De l'action nerveuse. Paris, 1843, in-8 rel. — Broussais. Examen de la doctrine médicale. Paris, 1816, in-8 cart. — Raymond. Maladies qu'il est dangereux de guérir. Nouvelle édition, par Giraudy. Paris, 1808, in-8 rel.

124. Boyer. Traité des maladies chirurgicales. Paris, 1814 à 1826, 11 vol. in-8 rel.

125. Breschet. Essai sur les veines du rachis. Paris, 1819, in-4. — Cloquet. De la squelotopée. Paris, 1819, in-4. — Recherches sur les hernies abdominales. Paris, 1819, in-4, fig. (Ces trois ouvrages cart.) 1 vol. in-4.

126. Bruyères. La phrénologie, le geste et la physionomie démontrée par 120 portraits, sujets et compositions gravés sur acier. Paris, 1847, 1 vol. in-4 rel.

127. Burdach. Traité de physiologie considérée comme science d'observation, trad. de l'allemand par Jourdan. Paris, 1837 à 1841, 9 vol. in-8 rel.

128. Cabanis. Rapports du physique et du moral de l'homme. Paris, 1815, 2 vol. in-8 rel. — Alibert. Physiologie des passions. Paris, 1825, 2 vol. in-8 rel.

129. Calmeil. Paralysie des aliénés. Paris, 1826, in-8, rel. — Ollivier. Traité de la moelle épinière, 2ᵉ éd. Paris, 1827, 2 tom. rel. en 1 vol. in-8. — Beauchène. Influence des affections de l'âme dans les maladies nerveuses des femmes. Paris, 1783, in-8 cart.

130. Carron du Villards. Guide pratique pour l'étude et le traitement des maladies des yeux. Paris, 1838, 2 vol. in 8, br. — Collomb. Œuvres médico-chirurgicales. Lyon, an VI, 1798, in-8 br.

131. Carrière. Le climat de l'Italie sous le rapport médical. Paris, 1849, in-8 rel. — Zimmermann. La Solitude, traduit de l'allemand par Jourdan. Paris, 1825, in-8 rel.

132. Chelius. Traité de chirurgie, traduit de l'allemand par Pigné. Paris, 1833, 2 vol. in-8 rel. — Traité pratique d'ophthalmologie, traduit de l'allemand par Ruff, tome 2. Paris, 1839, in-8 br. (le seul publié).

133. Chopart et Desault. Traité des maladies chirurgicales. Paris, an IV, 2 tomes rel. en 1 vol. in-8. — Laugier. Bulletin chirurgical, tome 1er. Paris, 1840, in-8 br. — Rigault. De l'anaplastie. Paris, 1844, in-8, br. — Hodgson. Traité des maladies des artères, traduit de l'anglais par Breschet. Paris, 1819, 2 vol. in-8 cart.

134. Civiale. Traité de la lithotritie. Paris, 1827 et 1847, 2 vol. in-8. rel. et br — Lettres sur la lithotritie; lettres I à VI. Paris, 1827 à 1848. br. et rel.

135. Civiale. Traité de l'affection calculeuse. Paris, 1838, in-8 fig. rel. — Parallèle des divers moyens de traiter les calculeux. Paris, 1836. in-8 rel — De l'urétrotomie. Paris, 1849, in-8 br.

136. Civiale. Traité pratique sur les maladies des organes génito-urinaires. 2e édit. Paris, 1850, 3 vol. in-8, rel.

137. Civiale. Traité pratique sur les maladies des organes génito-urinaires, 3e édit. Paris, 1858, tomes 1 et 2, in-8 rel.

137 bis. Cloquet (J.). Anatomie de l'homme, ou description et figures lithographiées de toutes les parties du corps humain. Paris, 1821-1831, 5 vol. in-folio, avec 300 planches reliées en 2 vol.

138. Cooper (Astley). Œuvres chirurgicales complètes, traduit de l'anglais par Chassaignac et Richelot. Paris, 1835, in-8 rel. — Cooper et Travers. Œuvres chirurgicales, traduit de l'anglais par Bertrand. Paris, 1822, 2 vol. in-8 rel.

139. Cooper (Samuel). Dict. de chirurgie pratique, traduit de l'anglais. Paris, 1826, 2 vol. in-8 rel.

140. Cullen. Éléments de médecine pratique, traduit de l'anglais par Bosquillon, nouv. édit. par De Lens. Paris, 1819, 3 vol. in-8 rel.

141. Cruveilhier. Traité d'anatomie pathologique générale. Paris, 1849 à 1856, 3 vol. in-8 rel.

142. Zoonomie, ou Lois de la vie organique, par Darwin, trad. de l'anglais par Kluyskens. Gand, 1812, 4 vol. in-8 rel.

143. De la Roche et Petit-Radel. Dictionnaire de chirurgie de l'encyclopédie méthodique. Paris, 1790, 2 vol. in-4 cart. ou 4 parties et atlas de 113 pl.

144. Delpech. Précis élémentaire des maladies réputées chirurgicales. Paris, 1816, 3 vol. in-8 cart.

145. Delpech. Chirurgie clinique de Montpellier. Paris, 1823 à 1828. 2 vol. in-4 br. (Les 8 premières feuilles du tome 2 sont endommagées.)

146. Des-Alleurs. Apnéologie méthodique. Montpellier, 1820, in-4 rel. — Raciborski. Histoire des découvertes du système veineux. Paris, 1841, in-4 br. — Rapport sur la marche et les effets du choléra-morbus dans Paris en 1832. Paris, 1834, in-4 rel.

147. Desault. Journal de chirurgie. Paris, 1791, 4 vol. in-8 cart.

148. Desruelles. Traité pratique des maladies vénériennes. Paris, 1836, in-8 rel. — Traité de la coqueluche. Paris, 1827, in-8 rel. — Pavan. Essai thérapeutique sur l'iode. Bruxelles, 1851, in-8 br.

149. Devergie. Clinique de la maladie syphilitique. Paris, 1826 à 1831, 2 tomes rel. en 1 vol in-4 et Atlas in-fol. de 126 pl. fig. col. rel.

130. Dubois (d'Amiens). Histoire philosophique de l'hypochondrie et de l'hystérie. Paris, 1837, in-8 rel. — Traité des études médicales. Paris, 1840, in-8 br. — Préleçons de pathologie expérimentale, 1re partie avec planches. Paris, 1844, in-8 rel.

151. Ducamp. Traité des rétentions d'urine. Paris, 1822, in-8 cart. — Lallemand. Observations sur les maladies des organes génito-urinaires. Paris, 1827, 2 parties rel. en 1 vol. in-8. — Mercier. Recherches sur les organes urinaires chez l'homme. Paris, 1856, in-8 br.

152. Dugès. Traité de physiologie comparée de l'homme et des animaux. Montpellier, 1838, 3 vol. in-8 rel.

153. Dupuytren. Leçons de clinique chirurgicale. Paris, 1839, 6 vol. in-8 rel.

154. Edwards. Influence des agents physiques sur la vie. Paris, 1824, in-8 rel.

155. Ehrmann. Observations d'anatomie pathologique, 1er fascicule. Strasbourg. 1843, in-4 fig. cart. — Histoire des polypes du larynx, 1850, in-fol., avec 6 pl. lith. cart.

156. Encyclopédie anatomique par Sœmmerring, Weber, Theile, Valentin, Huschke, Henle, Bischoff et Vogel. Paris, 1843 à 1847. T. 2 à 9, 8 vol. in-8, et atlas in-4 rel.

157. Fabrice d'Aquapendente. —Œuvres chirurgicales. Lyon, 1670, 1 vol. in-12 rel.

158. Flourens. Recherches expérimentales sur le système nerveux, 2e édit. Paris, 1842, in-8 rel. — Baillarger. Recherches sur le système nerveux, 1 vol. in-8 rel. — Legallois. Expériences sur le principe de la vie. Paris, 1842, in-8 cart.

159. Forget. — Médecine navale. Paris, 1832, 2 vol. in-8 rel. — Traité de l'entérite folliculeuse. Paris, 1841, in-8 rel.

160. Foville. Traité d'anatomie du système nerveux. Paris, 1844, t. 1 in-8, et atlas in-4 broch.

161. Franco. Traité des hernies. Lyon, 1561, in-12 rel. (bien conservé).

162. Frank (J.). Pathologie interne. Paris, 1835 à 1845, 6 vol. in-8 rel.

163. Friedlander. — De l'éducation physique de l'homme. Paris, 1815, in-8 broch. — Renauldin. Étude historique et critique sur les médecins numismatistes. Paris, 1851, in-8 broch. — Piquet. Catéchisme de santé, Strasbourg, 1830, in-8 broch.

164. Gall. Fonctions du cerveau. Paris. 1822 à 1825, 6 vol. in-8 rel.

165. **Galy.** De l'affection calcaire vulgairement morve. Paris, 1835, in-8 broch. — **Émile Jamet.** Traité de l'espèce bovine, 1ʳᵉ partie, spécialisation et perfectionnement. Paris, 1856, in-8 broch. — **Havez Montlaville.** Physiologie de toutes les races de chevaux du monde. Paris, 1850, in-8 broch.

166. **Geoffroy Saint-Hilaire.** Histoire générale et particulière des anomalies de l'organisation chez l'homme et chez les animaux. Paris, 1832 à 1837, 3 vol. in-8 et atlas rel.

167. **Grisolle.** Traité de pathologie interne, 3ᵉ édition. Paris, 1848, 2 vol. in-8.

168. **Guérin.** Chirurgie opératoire. Paris, 1855, in-12 rel. — **Theden.** Progrès de la chirurgie. *Bouillon,* 1777, in-12 rel. — **Daran.** Traité de la gonorrhée. Paris, 1756, in-8 rel. — **Isnard.** Manuel de l'opérateur. Paris, 1849, in-18, fig. — **Coster.** Manuel des opérations chirurgicales. Paris, 1823, in-18 broch.

169. **Haller.** Artis medicæ principes. *Lausanæ,* 1769 à 1774, 11. tomes rel. en 6 vol. in-8.

170. **Haller.** Elementa physiologiæ corporis humani *Lausanæ,* 1757 à 1766, 8 vol. in-4 rel.

171. **Haller.** Bibliotheca chirurgica. Bernæ, 1774, 2 vol. in-4 rel.

172. **Haller.** Bibliotheca botanica. Tijuri, 1771, 2 vol. in-4, rel.

173. **Haller.** Disputationes ad morborum historiam. Lausanæ, 1757 à 1760, 7 vol. in-4 rel.

174. **Haller.** Disputationum anatomicarum selectarum. Gottingæ, 1746 à 1751, 7 tomes rel. en 8 vol. in-4.

175. **Haller.** Operum anatomici argumenti minorum. Lausanæ, 1767, 3 vol. in-4 rel.
Manque le titre du tome premier.

176. **Heister.** Institutions de chirurgie, traduit du latin par Paul. Avignon, 1770, 5 vol. in-8 rel.

177. **Hildenbrandt.** Du typhus contagieux, traduit par Gasc. Paris, 1811, in-8 cart. — **Cambay.** De la dysentérie. Paris, 1847, in-8 rel.

178. **Hippocratis.** Opera omnia, græce et latine, edente Vander Linden. *Lugduni Bat.* 1665, 2 vol. in-8. v. fauve fil. Doré sur tranche, *très bel exemplaire.*

179. **Hufeland.** L'art de prolonger la vie de l'homme, traduit de l'allemand par Jourdan. Paris, 1824, in-8, rel.

180. **Hunter.** Œuvres complètes, traduit de l'anglais par Richelot. Paris, 1839, 4 vol. in-8 et atlas in-4 rel.

181. **Jacquot.** Origines miasmatiques des fièvres endémo-épidémiques. Paris, 1855 à 1858, 2 parties in-8 br. et rel. — Hist. médico-chirurgicale de l'expédition française dans les États-Romains. Paris, 1854, in-8 rel. — De la colonisation et de l'acclimatement en Algérie. Paris, 1849. in-8 rel.

182. **Jobert** (de Lamballe). Traité des maladies chirurgicales du canal intestinal. Paris, 1829. 2 vol. in-8 rel. — Étude sur le système nerveux.

Paris, 1838, 2 tomes rel. en 1 vol. in-8. — Plaies d'armes à feu. Paris, 1833, 1 vol. in-8, fig. broch.

183. JOBERT (de Lamballe). Traité de chirurgie plastique. Paris, 1849, 2 vol. in-8 et atlas in-fol. — Traité des fistules vésico-utérines. Paris, 1852, in-8 br.

184. Des pertes séminales involontaires, par F. Lallemand. Paris, 1836-1842, 3 vol. in-8 rel.

185. LAMARCK. Philosophie zoologique. Paris, 1830, 2 vol. in-8 rel.

186. LARREY. Mémoires de chirurgie militaire. Paris, 1812 à 1817, 4 vol. in-8 cart.

187. LARREY. Clinique chirurgicale. Paris, 1829 à 1832, 4 vol. in-8 et atlas.

188. LARREY. Recueil de mémoires de chirurgie. Paris, 1821, in-8 rel. — Relation médicale de campagnes et voyages, 1815 à 1840 Paris, 1841, in-8 rel. — Histoire chirurgicale du siége de la citadelle d'Anvers. Paris, 1833, in-8 br. Rapport sur l'état sanitaire du camp de Châlons. Paris, 1858, in-8 br.

189. LAUTH. Scriptorum latinorum de aneurysmatibus collectio. Argentorati, 1785, in-4. fig. et 15 pl.

190. LAWRENCE. Traité des hernies, trad. de l'anglais, par Beclard et Cloquet. Paris, 1818, in-8 cart. — VERDIER. Traité des hernies. Paris, 1840, in-8 rel.

191. LÉVEILLÉ. Nouvelle doctrine chirurgicale. Paris, 1812, 4 vol. in-8 rel.

192. LÉVY (Michel). Traité d'hygiène publique et privée, 2° édit. Paris, 1850. 2 vol. in-8 rel. mar. rouge, d. sur tr.

193. LIEUTAUD. Historia anatomico-medica. Parisiis, 1767, 2 vol. in-4 rel.

194. De nervi sympathici humani fabrica, usu et morbis, commentatio anatomico-physiologico-pathologica, auctore Lobstein. Parisiis, 1823, in-4 avec 10 pl. cart.

195. LOUIS. Mémoire ou recherches anatomico-pathologiques sur diverses maladies. Paris, 1826, in-8 rel. — Recherches anatomico-pathologiques sur la phthisie. Paris, 1825, in-8 rel. — Recherches anatomiques et pathologiques sur la gastro-entérite. Paris, 1829, 2 vol. in-8 rel.

196. MAGENDIE. Journal de physiologie expérimentale. Paris, 1821 à 1828. 8 vol. in-8 rel. — Précis de physiologie, 2° édit. Paris, 1825, 2 vol. in-8 rel.

197. MAGENDIE. Leçons sur les phénomènes physiques de la vie. Paris, 1838, 4 vol. in-8 rel.

198. MAGENDIE et DESMOULINS. Anatomie des systèmes nerveux des animaux à vertebres. Paris, 1826, 2 vol. in-8 et atlas in-4.

199. MALGAIGNE. Traité d'anatomie chirurgicale. Paris, 1838, 2 vol. in-8 rel. — CLOQUET. Traité d'anatomie descriptive. Paris, 1816, 2 vol. in-8 rel.

200. MECKEL. Manuel d'anatomie générale, descriptive et pathologique, trad. de l'allemand, par Breschet et Jourdan. Paris, 1825, 3 vol. in-8 rel.

201. Mongellaz. Monographie des irritations intermittentes, nouv. édit. Paris, 1839, 2 vol. in-8. — Muller. Physiologie du système nerveux. Paris, 1840, 2 vol. in-8 br.

202. Montfalcon. Histoire médicale des marais. 2e édit. Paris, 1856, in-8 rel. — Audouard. Recherches sur la contagion des fièvres intermittentes. Paris, 1818, in-8 cart. — Fleury. Traitement des fièvres intermittentes. Paris, 1858, in-8 br.

203. Morand. Opuscules de chirurgie. Paris, 1768, 200 f. in-4 br. — Leblanc. Œuvres chirurgicales. Paris, 1779, 2 vol. in-8 rel.

204. Morgagni. Recherches anatomiques sur le siége et les causes des maladies. Traduit du latin par Désormeaux et Destouet. Paris, 1820. 10 vol. in-8 rel.

205. Pelletan. Clinique chirurgicale. Paris, 1810, 3 vol. in-8 cart.

206. Petit (J.-L.). Traité des maladies chirurgicales. Nouv. édit. Paris, 1790. 3 vol. in-8 rel.

207. Petit. Traité des maladies des os. Nouv. édit, par Louis. Paris, 1767. 2 vol. in-12 rel, fig. — Quesnay. Traité de la gangrène. Paris, 1771. in-12 rel. — Stalpartii Vander Wiel. Observationum rariorum medicarum anatomicarum chirurgicarum. Leidae, 1727, 2 vol. in-12, fig. rel.

208. Petit et Serre. Fièvres entéro-mesentériques. Paris, 1813, in-8 cart. — Chauffard. Traité des inflammations internes. Paris, 1831, 2 t. rel. en 1 vol. in-8. — Boisseau. Pyrétologie physiologique, 3e édit. 1826, in-8 rel.

209. Peyeri. Merycologia sive de Ruminantibus et ruminatione commentarius. Basileae, 1685. — Cowper. Glandularum quarundam, nuper detectarum. London, 1702. — Pecquet. Experimenta nova anatomica. Parisiis, 1654, ces 3 ouvrages rel. en 1 vol. in-4 avec fig.

210. Pinel. Nosographie philosophique 6e édit. Paris, 1818, 3 vol. in-8 rel. — Laennec. Traité de l'auscultation médiate. 2e édit. Paris, 1826, 2 vol. in-8 rel.

211. Piorry. Traité de pathologie médicale. Paris, 1841 à 1850. 8 vol. in-8 rel.

212. Pott. Œuvres chirurgicales. Paris 1777 à 1792, 3 vol. in-8 rel.

213. Pointe. Histoire topographique et médicale du grand Hôtel-Dieu de Lyon. Lyon, 1842, in-8 rel. — Chauffard. Œuvres de médecine pratique. Paris, 1848. 2 vol. in-8 br. — Bérard et Lavit. Essai sur les anomalies de la variole et de la varicelle. Montpellier 1818, in-8 br. — Kluyskens. Matière médicale pratique. Gand, 1824, 2 vol. in-8 br.

214. Pouteau. Œuvres posthumes. Paris, 1783, 3 vol. in-8 rel. — Richerand. Nosographie et thérapeutique chirurgicale, 5e édit. Paris, 1841. 4 vol. in-8 rel., fig.

215. Prus. Rapport à l'Académie sur la peste et les quarantaines. Paris, 1846, in-8 rel. — Manzini. Histoire de l'inoculation préservative de la fièvre jaune. Paris, 1858, in-8.

216. Rapou. Histoire de la doctrine médicale homœopathique. Paris, 1847. 2 vol. in-8 rel.

217. BAVATON. Pratique moderne de la chirurgie, publié par M. Suë. Paris, 1776, 4 vol. in-12 br. — DE LA MOTTE. Traité complet de chirurgie, 3ᵉ édition, revue par Sabatier. Paris, 1771. 2 vol. in-8 rel.

218. RAMAZZINI. Maladies des artisans, traduit par Fourcroy. Paris, 1777, in-12 rel. — GRELLOIS. Notions d'hygiène privée. Metz, 1854, in-18 br. — PAYEN. Des substances alimentaires. 3ᵉ édit. Paris, 1856, in-12 br. — TAVEAU. Hygiène de la bouche, 2ᵉ édit. Paris, 1826, in-12 rel.

219. RIBES. Mémoires et observations d'anatomie, de physiologie, de pathologie et de chirurgie. Paris, 1841 à 1845, 3 vol. in-8 rel.

220. RICHET. Traité d'anatomie médico-chirurgicale. Paris, 1856. 1 vol. en deux parties, in-8 br.

221. RICORD. Traité pratique des maladies vénériennes. Bruxelles, 1839, in-12 br.

222. ROCHE, SANSON et LENOIR. Nouveaux éléments de pathologie médico-chirurgicale, 4ᵉ édition. Paris, 1844, 5 vol. in-8 rel.

223. ROSTAN. Traité de diagnostic. Paris, 1826, 3 vol. in-8 rel.

224. ROUX. Nouveaux éléments de médecine opératoire, t. 1, 2 vol. in-8, cart. Paris, 1843.—Relation d'un voyage fait à Londres en 1814. Paris, 1815, in-8 br.

225. SCARPA. — Traité pratique des hernies, traduit de l'italien, par Cayol. Paris, 1812 à 1823, 2 vol. in-8 rel. et br. et atlas de 11 pl. in-fol. rel.

226. SCARPA. Réflexions et observations anatomico-chirurgicales sur l'anévrysme, traduit de l'italien, par Delpech. Paris, 1809, in-8, et atlas de 10 pl. cart.

227. SCANZONI. Traité des maladies des organes sexuels de la femme, traduit de l'allemand, par Dor. Paris, 1858, in-8 br.

228. SCOUTETTEN. La méthode ovalaire. Paris, 1827, in-4 fig. br. — PHILIPPE. Amputation dans la contiguïté des membres. Paris, 1838, in-8 broché.

229. SCULTETI. Armamentarium chirurgicum. Francofurti, 1666 in-4, fig. cart. — LOUIS. Mémoire sur les stylets. Paris, 1784, in-4 rel.

230. SPALLANZANI. Opuscules de physique animale et végétale. Paris, 1787, 3 vol. in-8, fig. br. — TISSOT. Œuvres choisies, nouvelle édition, par Hallé. Paris, 1809, 3 vol. in-8 rel.

231. STOLL. Médecine pratique, traduit du latin par Mahon. Paris, 1809, 3 vol. in-8 rel.

232. TARDIEU. Dictionnaire d'hygiène publique et de salubrité. Paris, 1852 à 1854, 3 vol. in-8 rel. — Supplément au dictionnaire des dictionnaires de médecine français et étrangers. Paris, 1851, in-8 br.

233. THOMSON. Traité de l'inflammation, traduit de l'anglais, par Jourdan et Boisseau. Paris, 1827, in-8 rel. — MARJOLIN. Cours de pathologie chirurgicale, t. 1. Paris, 1836, in-8 br. — MALLE. Clinique chirurgicale de l'hôpital militaire de Strasbourg. Paris, 1836, in-8 rel. — SANSON. Des hémorrhagies traumatiques. Paris 1836, in-8 br.

234. Tiedemann. Anatomie du cerveau, traduit par Jourdan. Paris, 1823, in-8, fig. rel. — Tiedemann et Gmelin. Recherches physiologiques sur la digestion, traduit par Jourdan. Paris, 1826, 2 parties rel. en 1 vol. in-8.

235. Velpeau. Traité d'anatomie chirurgicale, 2e édit. Paris, 1833, 2 vol. in-8, rel. et atlas in-4 br.

236. Velpeau. Nouveaux éléments de médecine opératoire, 2e édit. Paris, 1839, 4 vol. in-8 et atlas in-4.

237. Vidal (de Cassis). Traité de pathologie externe et de médecine opératoire, 2e édit. Paris, 1846, 5 vol. in-8 rel.

238. Voisin (F.). Des causes morales et physiques des maladies mentales. Paris, 1826, in-8 rel. — Analyse de l'entendement humain. Paris, 1858, in-8 br.

Littérature, Géographie et Histoire.

239. Roquefort. Dict. étymologique de la langue française. Paris, 1829, 2 vol. in-8 rel. — Noel et Charpentier. Nouveau dict. des origines, inventions et découvertes. Paris, 1827, 2 vol. in-8 br.

240. Judas. Essai sur la langue phénicienne. Paris, 1842. in-8 br. — Lettre à M. de Saulcy sur la langue phénicienne. Paris, 1843, in-8 br. — Étude démonstrative de la langue phénicienne. Paris, 1847, in-4 rel.

241. A grammar of the language of the lenni lenape or Delaware indians, by D. Zeisberger. — Grammatical sketch and specimens of the Berber language, by W. B. Hodgson. — Names which the lenni lenape or Delaware indians who once inhabited this country, had given to rivers, streams, places, etc. withim the now states of Pensylvania, by J. Heckewelder. — De lingua Othomitorum dissertatio, auct. E. Naxera. 4 parties en 1 vol. in-4 cart.

242. Abn' L. Mahasin' Ibn tagri Bardii annales. Tomi primi partem posteriorem ediderunt Juynboll et Matthes. *Lugduni Batavorum*, 1855, in-8 br.

243. Al Makkari. Analectes sur l'histoire et la littérature des Arabes d'Espagne, tome 1er, 1re partie, publié par Wright. Leyde, 1855, in-4 br.

244. Buttura. Dict. français-italien et italien-français. Paris, 1832, 2 vol. in-8 rel.

245. Barthélemy. Voyage d'Anacharsis en Grèce, nouv. édit. Paris, Ledoux, 1821, 7 vol. in-8 et atlas rel.

246. Bégin (Émile). Histoire de Napoléon 1er. Paris, 1853, 5 vol. in-8 broch.

247. Bibliothèque sacrée ou dictionnaire universel historique dogmatique canonique géographique et chronologique des sciences ecclésiastiques par les R. R. P. P. Richard et Giraud. Paris, 1822, 29 vol. in-8 broch.

248. Bibliothèque universelle des voyages revus et traduits par Albert Montémont. Paris. 1833 à 1835, 12 vol. in-8 broch.
Manque le tome VI.

249. BLAQUIÈRE. Histoire de la révolution de la Grèce. Paris, 1825, in-8 broch. — WALLEZ. Précis historique des négociations entre la France et Saint-Domingue. Paris, 1826, in-8 broch. — MORENAS. Des castes d'Oude. Paris, 1822, in-8 broch. — DE LACROIX. Mémoires pour servir à l'histoire de la révolution de Saint-Domingue. Paris, 1819, 2 vol. in-8 rel.

250. CICÉRON. Œuvres, édition Nisard. Paris, 1848, 5 vol. grand in-8 rel.

251. CHATEAUBRIAND. Œuvres complètes. Paris, Ladvocat, 1826 à 1831, 28 vol. in-8 rel.

252. CONDILLAC. Œuvres complètes. Paris, Dufart, 1803, 25 vol. in-12 rel.

253. COOPER La Prairie. Le Pilote. Précaution. Les Pionniers. Les Puritains. L'Espion. Le Dernier des Mohicans. Lionel Lincoln. Traduction Defauconpret. Paris, Furne, 1830, 8 vol. in-8 rel.

254. DELESSERT. Souvenirs d'un voyage dans l'Inde exécuté de 1834 à 1839. Paris, 1843. 1 vol. in-8 broch. avec 27 pl. col. et carte. — Voyage dans les deux océans Atlantique et Pacifique, 1844 à 1847. Paris, 1849. 1 vol. in-8 broch. avec pl. et carte, fig. noires.

255. DAUMAS. Le Grand Désert, ou itinéraire d'une caravane du Sahara au pays des negres. Paris, 1848, in-8 rel. — Mœurs et coutume de l'Algérie, 2e édition Paris, 1855 in-12 broch. — DUCHESNE. De la prostitution dans la ville d'Alger. Paris, 1853, in-8 broch.

256. DIDEROT. Œuvres, nouvelle édition par Naigeon. Paris, 1821 22 vol. in-8 et 2 vol. de supplément broch.

257. DUPUIS. Origine de tous les cultes. Paris, an III, 17 vol in-8 rel.

258. Œuvres complètes de FRÉRET. Paris, an VII. 20. t. rel. en 10 vol. in-18.

259. DE GÉRANDO. Histoire comparée des systèmes de philosophie, 1re et 2e parties. Paris, 1822 à 1847, 10 vol. in-8 broch.

260. FLAVIUS JOSÉPHE. Œuvres complètes, notice par Buchon. Paris, 1843, grand in-8 br.

261. HELVÉTIUS. Œuvres complètes. Paris, 1818. 3 vol. in-8 br.

262. HÉRODOTE, CTÉSIAS, ARRIEN, THUCYDIDE et XÉNOPHON. Notice par Buchon. Paris, 1840. 2 vol. grand in-8 br.

263. HUGO. France pittoresque. Paris, 1835, 3 vol. in-8. cart.

264. LAMARTINE (A. de). Histoire de la Turquie. Paris, 1855, 8 vol. in-12

265. LANJUINAIS. Œuvres. Paris, 1832. 4 vol. in-8 br.

266. LAPLACE. Campagnes de circumnavigation de la frégate l'Artémise, pendant les années 1837 à 1840. Paris. 1841 à 1854, 6 vol. in-8 cart.

267. Lettres édifiantes concernant l'Asie, l'Afrique et l'Amérique, publiées par Aimé Martin. Paris, 1838 à 1841, 4 vol. grand in-8 br. — Guenée. Lettres de quelques Juifs à Voltaire. Paris, 1817, in-8 br.

268. Mably. Œuvres. Paris, 1794, 15 vol. in-8 rel.

269. Mac-Carthy. Dictionnaire de géographie universelle. Paris, 1824, 2 vol. in-8. — Balbi. Abrégé de géographie. Paris, 1833, in-8 cart.

270. Maine de Biran. Nouvelle considération sur les rapports du moral et du physique de l'homme, publiée par M. Cousin. Paris, 1834, in-8 br. — Cousin. Leçons sur la philosophie de Kant. Paris, 1845, in-8 br. — Lélut. Rejet de l'organologie phrénologique de Gall. Paris, 1843, in-8 br.

271. Malte-Brun. Géographie universelle, 5e édition, par Huot. Paris, Furne, 1845, 6 vol in-8 br.

272. Marmontel. Œuvres. Paris, Verdierre et Ledoux, 12 vol. in-8 br.

273. Mémoires de la Société académique d'archéologie, sciences et arts de l'Oise. Beauvais, 1847-1855, 2 vol. gr. in-8, fig. dem.-rel.

274. Millevoye. Œuvres complètes, édit. Pongerville. Paris, 1837, 2 vol. in-8 rel.

275. Montesquieu. Œuvres. Paris, édition Dalibon, 1827, 8 vol. in-8 br.

276. Platon. Œuvres, édition Aimé-Martin. Paris, 1845, 2 vol. grand in-8 br.

277. Plutarque. Œuvres morales translatées de grec en français, revues et corrigées en cette troisième édition, par Amyot. Paris, 1575, 1 vol. in-fol., très bel exemplaire rel. basane.

278. Polybe, Hérodien, Zozime. Notice par Buchon. Paris, 1838, in-8 br.

279. De Potter. Histoire philosophique, politique et critique du christianisme et des églises chrétiennes depuis Jésus jusqu'au xixe siècle. Paris, 1836, 8 vol. in-8. — Salvador. Jésus-Christ et sa doctrine. Paris, 1838, 2 vol. in-8 rel.

280. Raynal. Histoire philosophique des établissements et du commerce dans les deux Indes. Neufchâtel, 1783, 10 vol. in-8 et atlas in-4 cart.

281. Réimpression de l'ancien *Moniteur*. Paris, 1847, 32 vol. gr. in-8 rel.

282. Rollin. Histoire ancienne, publié par Berès. Paris, 1839, 3 vol. in-8 br.

283. Rœderer. Louis XII et François Ier. Paris, 1825, 3 vol. in-8.

284. Royou. Histoire de France. Paris, 1819, 6 vol. in-8 rel. — Vie de l'empereur Charles V, trad. de l'italien par Lévi. Bruxelles, 1826, 4 vol. in-12 rel.

285. Salverte. Des sciences occultes, 2e édit. Paris, 1843, in-8. — — Theiner. Hist. des institutions d'éducation ecclésiastique, traduit de l'allemand par Cohen. Paris, 1841, 2 vol. in-8 br.

286. Ségur. Histoire de Napoléon Ier et de la grande armée. Paris, 1825, 2 vol. in-8. — Fain. Manuscrit de 1813. Paris, 1824, 2 vol. in-8 rel.

287. Tacite. Œuvres. Traduction de Perrot d'Ablancourt, 4e édit. Paris, 1658, in-4 rel.

288. WALTER-SCOTT. Œuvres. Paris, 1830 à 1837, 31 vol. in-8 rel.

289. Carte du Bas-Rhin, extrait de la carte topographique de la France, publié sous la direction du général Pelet. 6 feuilles sur toile et étui.

290. Cartes de Brest, Morlaix, Lorient, Quimper, Pont-Labé, Lannion, Plonguerneau, Lefouet, île d'Ouessant, du dépôt de la guerre, sur toile avec étui.

291. Cartes de l'Algérie, de la province d'Alger, de la province d'Oran, de Constantine, du dépôt de la guerre, 7 feuilles sur toile.

FIN.

www.ingramcontent.com/pod-product-compliance
Lightning Source LLC
LaVergne TN
LVHW011446170726
843501LV00009B/3323